FROHE OSTERN

VON:

FROHE OSTERN

WÜNSCHEN SNOOPY UND DIE PEANUTS

FÜR:

DA IST JA DER OSTERHASE! IN UNSEREM GARTEN!!

ABER SICHER DOCH...

ER VERSTECKT EIER... ER TANZT EINEN FRÜHLINGSREIGEN UND VERSTECKT ÜBERALL AUF DEM RASEN SEINE EIER...

JA, JA, SCHON KLAR...

Charlie Brown:

Du willst also dem »Grossen Kürbis«,

dem Weihnachtsmann und dem Osterhasen

ein und denselben Brief schicken?

Linus:

Warum nicht?

Die kriegen doch so viel Post,

das bemerken die im Leben nicht …

FROHE
OSTERN

ALSO HAST DU DICH ENDLICH ENTSCHIEDEN, WAS?

JA... ICH HAB BLAU UND GELB GENOMMEN... ES WAR EINE SCHWERE ENTSCHEIDUNG, ABER ICH MUSSTE ABSOLUT SICHER SEIN.

UNGLAUBLICH...

WAS GIBTS?

LUCY HAT SICH ENTSCHIEDEN, WELCHE FARBE IHRE OSTEREIER HABEN SOLLEN!

SCHULZ

Laufen wie ein Hase

Hüpf Hüpf Hüpf
Hüpf Hüpf Hüpf

Der Frühling
steht vor der Tür ...

Woodstock ist zurück
vom anderen Ende
der Hundehütte.

SCHULZ

Das ist mein Tanz
für den zweiten Frühlingstag.
Er unterscheidet sich
von meinen anderen Tänzen ...
Nur in Nuancen, versteht sich ...
Alles eine Frage der Zehenarbeit!

SNOOPY

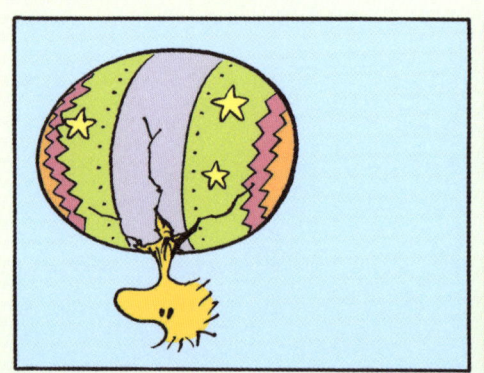

Häschen!
Oooh, ich seh mir einfach
zu gern Häschen an!
Niiiedlich!

SNOOPY

ICH HAB GERADE DEM OSTERBEAGLE DIE HAND GESCHÜTTELT, UND ER HAT MIR EIN BUNTES EI GESCHENKT!

SCHMATZ!

DER "OSTERBEAGLE"?

He, wo willst du hin?
Du hast dein Ei nicht gegessen!
Das arme Hühnchen hat sein
Leben umsonst gegeben!

LINUS

Linus:

Wie ich sehe, schaust du die Dokumentation,

die Charlie Brown für dich aufgenommen hat …

Es ist mir ein Rätsel, wie man die gleiche

Sendung wieder und wieder ansehen kann …

Snoopy:

Das ist die Folge, in der

das Kaninchen entkommt …

**FROHE
OSTERN**

Wenn der Frühling
in der Luft liegt,
werden die Tage
wieder ... windig.

SNOOPY

FROHE
OSTERN

SEIN PROBLEM IST EIN-FACH, DASS ER SEINE ANGEBORENEN INS-TINKTE UNTERDRÜCKT...

WENN ER ERST MAL EIN PAAR KARNICKEL AUFSPÜRT, MERKT ER, WAS ER VERPASST...

IMMERHIN SCHLUM-MERT IN IHM EIN EIS-KALTER JÄGER UND...

!

HIER ENTLANG, KLEINER FREUND...

ER KOMMT! ER KOMMT!

VIELEN DANK, OSTER-BEAGLE! DANKE!

DANKE SEHR!

HERZLICHEN DANK!

Frohe Ostern!

3. Auflage 2026

– Originalausgabe –

© 2025 Lappan Verlag in der Carlsen Verlag GmbH,
Völckersstraße 14–20, 22765 Hamburg

Aus dem Englischen von Matthias Wieland

Peanuts and all related titles, logos and characters are trademarks
of Peanuts Worldwide LLC © 2025 Peanuts Worldwide LLC.

ISBN 978-3-8303-6449-8

Mit Fragen zur Produktsicherheit wenden Sie sich bitte an:
carlsen.de/kontakt

Illustrationen: Charles M. Schulz

Lektorat: Jessica Link
Layout und Herstellung: Ulrike Boekhoff | Sarah Landwehr | Ralf Wagner

FOLLOW US!

facebook.com/lappanverlag
Instagram.com/lappanverlag

LAPPAN.DE
LAPPANKALENDER.DE

HAPPY BIRTHDAY

HAPPY BIRTHDAY

HAPPY BIRTHDAY

HAPPY BIRTHDAY

PEANUTS™

och mehr **Geschenke für Freunde und Familie, witzige Partyspiele** und
n umfangreiches **Kalenderprogramm** findest du auf **www.LAPPAN.de**